協同学習で学ぶ

医 療 系
中国語会話

李 偉・管 虹 著

白帝社

音声ファイルダウンロードについて

■ 『協同学習で学ぶ 医療系中国語会話』の音声ファイル（MP3）をダウンロードすることができます。

「白帝社」で検索、または下記サイトにアクセスしてください。

http://www.hakuteisha.co.jp/news/n25966.html

■ 本文中の ♪00 マークの箇所が音声ファイル（MP3）提供箇所です。パソコンやスマートフォン（別途解凍アプリが必要）などにダウンロードしてご利用ください。ファイルはZIP 形式で圧縮された形でダウンロードされます。

　　　吹込：凌慶成、李洵

■ 本書と音声は著作権法で保護されています。

ご注意

＊デジタルオーディオプレーヤー等に転送して聞く場合は、各製品の取り扱い説明書やヘルプ機能によってください。

＊各機器と再生ソフトに関する技術的な質問は、各メーカーにお願いいたします。

はじめに

中国語の世界へようこそ。

　この教材は15回授業完結の医療系学生向けの中国語入門書として、中国語の基礎を身につけることを目指しています。
　授業は、みなさんの主体的活動を中心に、「話す、聞く、話し合う、報告する、説明する、発表する」などの活動を積極的に行います。中国語のみならず、医療現場に必要なコミュニケーション能力や協同技能を身につけ、社会に出る準備をしましょう。
　そのため、この教科書では、**協同学習**という学習法（教授法）を採り入れています。

協同学習とは

　協同学習とは、協同を促進する学習法です。主にグループ活動を通じて、**互いに学び合い、助け合い、励まし合い、認め合い、高め合い**ます。協同で楽しく中国語を学び合うことによって、中国語の基礎を効果的に習得できるばかりか、コミュニケーション力や協同する力を身につけることもできるのです。
　みなさんはこれから、協同学習で中国語を学びはじめます。常に主体的に参加しながら学習内容を身につけていくので、退屈している暇はありません。バリエーションに富んだ協同学習によって語学学習の楽しさが倍増し、学習意欲も向上することでしょう。また協同で学び合うことによって、グループ内に仲間意識や連帯感、責任感が湧いてきます。授業の雰囲気も主体的で、活気に溢れたものになるでしょう。

　協同学習の授業活動では、下記のような点に留意してください。

> ① 2人で交互にほぼ同じ時間を使って話す。（ペアワーク）
> ② 4人で順番に話す。（グループワーク）
> ③ メンバーの話をよく聴き、さえぎらない。
> ④ さえぎりたくなったら心のノートを取って待つ。
> ⑤ 助け合い、励まし合い、認め合う。
> ⑥ ともに学ぶ仲間に感謝の気持ちを持つ。

授業活動の説明

◆グループ作り

グループの作り方はたくさんあります。2つの例を紹介しましょう。

1. 円陣を組んでランダムに4人グループを作ります。円陣の並び方は、誕生日順、出身高校や名前のアルファベット順など、先生が決めます。
   4人グループを7組作るには、①円陣で時計回りに1～7を数えます。②同じ番号の人が4人集まって1グループとなります。
2. トランプカードを使います。4人グループを10組作るには、A～10の40枚をよく切ってから、1人に1枚引いてもらって、同じ数字の♥◆♠♣の4人が1グループとなります。

グループを作ってから、時計回りに①②③④の順番をつけましょう。これによって、①②/③④、①④/②③、①③/②④という3種類のペアと、4人グループの活動ができます。グループは5回ごとに組替えをすることをお勧めします。

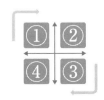

◆ペアワーク

2人組のエクササイズです。ペアを変え、なるべく多くの人とコミュニケーションをしましょう。グループ内で隣ペア①②/③④、前後（対面）ペア①④/②③、斜向かいペア①③/②④の組み方があり、必要に応じて活用します。

また、補充手段や授業の雰囲気作りとして、移動して、グループ以外のクラスメンバーとペアを組むことで活動します。

◆グループワーク

4人組のエクササイズです。話し合いやエクササイズでは、X番の人から時計回りで順番に回します。X番は先生が決めます。

また、X番が他のグループへ出張して説明した後、元のグループに戻って報告します。これによって学習内容の理解を深めることができます。

そしてグループ代表の発表によって他のグループを意識し、学習意欲を引き出すことができます。ひいては、学生の責任感を育めるでしょう。

各課の構成と学習の進め方

◆発音

第1〜4課の各課の最初に発音があります。グループで繰り返し音読し、難しいものは教え合いながら練習しましょう。

◆会話

対話文です。まずペアやグループで日本語に訳し、内容を理解しましょう。そして、ペアやグループで音読や通訳を繰り返し練習し、発表できるようにしましょう。

◆新出語句・補足語句

中国語の漢字、ピンインと日本語の意味をグループでよく確認し、音読しましょう。下記Webサイトに、各課語句の「簡体字 ― ピンイン」「簡体字 ― 日本語」を用意しています。授業外での自主的な利用を期待します。

https://quizlet.com/join/dUdPYY77b

◆表現

各課の重要な言語表現や文法、文型の簡潔な説明と例文です。グループでよく理解して、メンバーに説明できるようにしましょう。また、各表現にそれぞれ練習を用意したので、ペア、グループでよく練習しましょう。

◆覚えましょう

各課の主な内容をまとめた文章です。グループ4人で文章を翻訳し、音読しましょう。また、その内容を覚えましょう。

◆中国医療事情

中国の医療事情に関する読み物です。グループで一緒に読んで理解し、関連内容を調べて日本との相違について話し合いましょう。

◆ドリル

リスニング、スピーキング、漢字ドリル、会話問題、作文問題などを用意しました。各自で解答してからグループ4人で答え合わせをして、最終的な解答を決めましょう。

みなさんが中国語学習を通じて、コミュニケーション能力や異文化能力を備えた、協同できる職業人、社会人、地球市民に育ってくれることを祈ってやみません。

本教材の出版にあたり、白帝社の十時真紀さんに大変お世話になりました。記して心より感謝申し上げます。

2018年8月　　　　　　　　　　　　　　　　　　　　　　　　　　　　　著　者

目　次

★中国事情 ・・・・・・・・ 7　　★中国語の文字 ・・・・・・・・ 8
★中国語と"普通话" ・・・・・・・・ 7　　★中国語の発音 ・・・・・・・・ 9

第1課　自己紹介 ・・・ 11
　　　　　発音：単母音・声調・軽声・子音
　　　　　1．挨拶①　　　　2．人称代名詞
　　　　　3．名前の言い方　4．～は～だ／ではない

第2課　どうなさいましたか ・・・・・・・・・・・・・・・・・・・・・・・・・・・・・・・・・ 19
　　　　　発音：複母音・声調の表記
　　　　　1．挨拶②　　　　2．数字の言い方

第3課　この薬はどう飲みますか ・・・・・・・・・・・・・・・・・・・・・・・・・・・ 25
　　　　　発音：鼻母音
　　　　　1．指示代名詞　　2．～の～　　　　3．どう～するか

第4課　病室はどこですか ・・・・・・・・・・・・・・・・・・・・・・・・・・・・・・・・・・・ 31
　　　　　発音：声調の変調・アール化音・発音のまとめ
　　　　　1．場所代名詞　　2．方向表現　　　3．～は～にある／いる

第5課　具合はいかがですか ・・・・・・・・・・・・・・・・・・・・・・・・・・・・・・・・ 38
　　　　　1．あまり～ない　2．もうすぐ／間もなく～だ
　　　　　3．～だろう／～しよう／～してください　4．～するのが～

第6課　心配いりません ・・・・・・・・・・・・・・・・・・・・・・・・・・・・・・・・・・・・・ 44
　　　　　1．～する必要はない／～しなくてもいい　　2．～は～が～だ
　　　　　3．だいぶ／ずっと～だ

第7課　退院おめでとう ・・・・・・・・・・・・・・・・・・・・・・・・・・・・・・・・・・・・・ 49
　　　　　1．～してもいい　2．～しなければならない／～すべきだ

■チャレンジ ・・・・・・・・ 54　　■医療用語集 ・・・・・・・・ 69
■各課会話のまとめ ・・・・・・・・ 55　　■身体各部位の名称 ・・・・・・・・ 72
■初級中国語文法 ・・・・・・・・ 57　　■人体解剖図 ・・・・・・・・ 73
■中国語索引 ・・・・・・・・ 61　　■中国語音節表 ・・・・・・・・ 74
■日本語索引 ・・・・・・・・ 65　　■授業活動チェックシート・振り返りシート

⭐ 中国事情

中国とは、中華人民共和国の略称であり、1949年10月1日に成立し、首都は北京である。

中国は多民族国家であり、56の民族がある。そのうち、漢民族の人口が最も多く、約91.5％を占めており、ほかの民族は少数民族と呼ばれている。中国の人口は約14億（2017年）で、世界第1位である。

中国の面積は約960万km²で、日本の面積の約26倍である。中国の行政区は、23の省、4つの直轄市、5つの自治区と2つの特別行政区に分けられている。4つの直轄市は北京・上海・天津・重慶で、2つの特別行政区は香港（ホンコン）と澳門（マカオ）である。

⭐ 中国語と"普通话 Pǔtōnghuà"（共通語）

1．中国語とは

中国語は中国で"汉语 Hànyǔ"（漢語）と言い、中国の漢民族が使う言語である。"汉语"を話す人口はおよそ12億人にのぼる。

中国語は主に7つの方言に分けられる。北方方言（北京語など）、呉方言（上海語など）、粤（えつ）方言（広東語など）、閩（びん）方言（福建語など）、湘（しょう）方言、贛（かん）方言、客家（はっか）方言である。

2．"普通话"とは

"普通话"（共通語）は1955年に"汉语"（漢語）の共通語として命名された。"普通话"は全国の通用言語であることが憲法に規定されている。また国連の6つの使用言語の1つでもある。

"普通话"は次の3つの基準によって定められたものである。

① 北京音を標準音とする。
② 北方方言を基礎方言とする。
③ 代表的な現代中国語口語文の著作を文法規範とする。

中国語の文字

1．漢字

　中国語の文字といえば漢字のことを指し、中国語は全て漢字で表記される。漢字の歴史は三千年余りもあり、漢代の楷書は、現代漢字の基本字体となっている。

　中国語の常用漢字について、1988年1月、中国国家言語文字工作委員会と国家教育委員会が共同発表した『現代漢語常用字表』には常用字2,500字、準常用字1,000字があり、合わせて3,500字である。この3,500字の使用頻度は99.48％にのぼる。1つの漢字にはいずれも形・音声・意味がある。

2．簡体字と繁体字

　昔の画数の多い漢字を簡略化したものは、「簡体字」と呼ばれている。それに対して、昔の漢字は「繁体字」と呼ばれる。中国大陸では簡体字が使われており、香港・澳門・台湾では繁体字が使われる。また海外に住んでいる一部の華人・華僑も繁体字を使っている。

　日本語にも漢字があるが、中国語の漢字と同じものもあれば、異なるものもある。中国語を学習するとき、日本語の漢字の書き方と区別して覚える工夫が必要である。次の表は簡体字・繁体字・日本語漢字の比較例である。

中国語簡体字	中国語繁体字	日本語漢字
广	廣	広
营	營	営
卖	賣	売
艺	藝	芸
乐	樂	楽
传	傳	伝

中国語の発音

1. 中国語の発音の特徴
    ① 単音節を基本単位とし、1音節は漢字1文字である。
    ② 声調 (tone) がある。
    ③ 破裂音・破擦音にはそれぞれ有気音と無気音の区別がある。

2. 中国語の"拼音"（ピンイン）
    現代中国語の"拼音"とはラテン字母で中国語の発音を表記する表音記号である。1958年2月に正式に公布し、施行されたものである。

3. 中国語の音節の基本構造

グループワーク

① ①②／③④のペアで話し合いながら答えを選んでください。
② グループ4人で話し合いながら答え合わせをしましょう。

1. 私たちが学ぶ中国語は共通語としての_____を指します。

    ① 標準語　　② 北京語　　③ 普通話　　④ 上海語

2. 中国大陸で使われている漢字は_____と呼ばれています。

    ① 簡体字　　② 繁体字　　③ 正体字　　④ 宋体字

3. 「普通話」は___(1)___を標準音とし、___(2)___を基礎方言とします。

    (1) ① 漢音　　② 呉音　　③ 北京音　　④ 上海音

    (2) ① 北京方言　　② 上海方言　　③ 南方方言　　④ 北方方言

4. ラテン字母による中国語発音表記は_____と言います。

    ① ローマ字　　② ピンイン　　③ 注音字母　　④ 国際音声記号

5. 中国語発音の大きな特徴の1つとして1音節の中の高さの変化があります。それを_____と言います。

    ① 声調　　② アクセント　　③ ストレス　　④ 音調

第1課 自己紹介

1 単母音

> a　o　e　er　i　u　ü

aの発音
　日本語の「ア」の発音より口を大きく開き、阻害無く発音する。

oの発音
　日本語の「オ」より口の開きがやや小さく、唇を前に突き出して発音する。

eの発音
　日本語の「オ」より唇を横に引き、のどで強めに発音する。

erの発音
　eの発音から、舌先をそり上げながら、発音する。

iの発音
　日本語の「イ」より唇を横に引き、強めに発音する。

uの発音
　唇を丸くして、強めに前に突き出して、舌を少し奥に引っ込めて発音する。

üの発音
　唇を丸くして、舌先は下歯につけて、iの発音をする。

グループワーク

① 音声を聞きながら、各自、上記の7つの単母音を発音しましょう。
② グループ4人で時計回りに、1人1つずつ発音しましょう。
③ X番の後について、グループ4人で一緒に発音しましょう。

2 声調

中国語は1音節の中に音の高さの変化がある。これは声調と呼ばれており、4つあることから、「四声」とも呼ばれている。

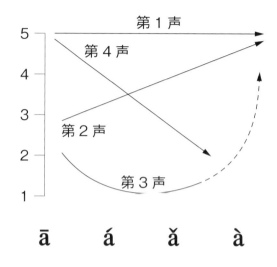

3 軽声

中国語の声調は場合によって軽く短く発音されることがある。これは軽声と呼ばれる。

māma（妈妈）　　yéye（爷爷）　　nǎinai（奶奶）　　bàba（爸爸）

グループワーク

① 音声を聞きながら、各自、上記の声調と軽声を発音しましょう。
② グループ4人で時計回りに、1人1つずつ発音しましょう。
③ X番の後について、グループ4人で一緒に発音しましょう。

> ⓘ 表記上の留意点
> yはi、wはuで、yuはüで発音する。

4 子音

調音点 \ 調音法	破裂音 無気	破裂音 有気	破擦音 無気	破擦音 有気	鼻音	摩擦音		側面音
上唇・下唇	b(a)	p(a)			m(a)			
上歯・下唇						f(a)		
舌尖・上歯茎	d(a)	t(a)			n(a)			l(a)
舌根・軟口蓋	g(a)	k(a)				h(a)		
舌面・硬口蓋			j(i)	q(i)		x(i)		
舌尖・下歯			z(i)	c(i)		s(i)		
舌尖・硬口蓋			zh(i)	ch(i)		sh(i)	r(i)	

グループワーク

① 音声を聞きながら、各自、上記の子音を発音しましょう。
② グループ4人で時計回りに、1人1つずつ発音しましょう。
③ X番の後について、グループ4人で一緒に発音しましょう。

中国人の姓について

中国人の姓は基本的には1文字、名前は1文字あるいは2文字からなります。つまり、姓名は2文字か3文字で構成されている場合がほとんどです（例：劉邦、毛沢東など）。中国人の姓にはまれに2文字（復姓）もあります（例：司馬、欧陽、諸葛など）。中国人に多い姓のベスト5は李、王、張、劉、陳です。この5つの姓は4億人以上で、中国人口の4分の1以上を占めています。

会 话

护士：你好！我是护士，姓山田。
Nǐ hǎo! Wǒ shì hùshi, xìng Shāntián.

患者：你好！我叫李世民，请多关照。
Nǐ hǎo! Wǒ jiào Lǐ Shìmín, qǐng duō guānzhào.

新出語句

护士 hùshi	看護師	姓 xìng	姓、～という
你 nǐ	あなた、君	患者 huànzhě	患者
好 hǎo	よい、いい	叫 jiào	～という
你好 nǐ hǎo	こんにちは	关照 guānzhào	世話(をする)
我 wǒ	私、ぼく	请多关照 qǐng duō guānzhào	
是 shì	～だ、はい		どうぞよろしくお願いします

表現

1. 挨拶①

你好!　　　　　　再见!
Nǐ hǎo!　　　　　 Zàijiàn!

ペアワーク　ペアで練習しましょう

A：你好!　　B：你好!

A：再见!　　B：再见!

2. 人称代名詞

	一人称	二人称	三人称	不定人称
単数	我 wǒ	你 nǐ　您 nín	他 tā　　她 tā	谁 shéi・shuí
複数	我们 wǒmen 咱们 zánmen	你们 nǐmen	他们 tāmen　她们 tāmen	

3. 名前の言い方

您贵姓?　　　　　　　　　我姓田中。
Nín guìxìng?　　　　　　 Wǒ xìng Tiánzhōng.

你叫什么名字?　　　　　　我叫田中花子。
Nǐ jiào shénme míngzi?　　Wǒ jiào Tiánzhōng Huāzǐ.

ペアワーク　ペアで練習しましょう

A：您贵姓?　　　　　B：我姓山田。

A：你叫什么名字?　　B：我叫山田花子。

4. 〜は〜だ / ではない

我是护士，不是医生。
Wǒ shì hùshi, bú shì yīshēng.

他是日本人，不是中国人。
Tā shì Rìběnrén, bú shì Zhōngguórén.

你是护士吗？　　　　是。（我是护士。）／ 不是。（我是医生。）
Nǐ shì hùshi ma?　　Shì. (Wǒ shì hùshi.) / Bú shì. (Wǒ shì yīshēng.)

ペアワーク ペアで練習しましょう

A：你是护士吗？　　　B：是，我是护士。

A：他是大夫吗？　　　B：不是，他是患者。

A：她是老师吗？　　　B：不是，她是学生。

A：你是日本人吗？　　B：是，我是日本人。

補足語句

再见 zàijiàn	さようなら	什么 shénme	何
您 nín	あなた	名字 míngzi	名前
他 tā	彼	不 bù (bú)	〜ではない、〜しない、いいえ
她 tā	彼女		
谁 shéi・shuí	誰	医生 yīshēng	医者
我们 wǒmen	私たち	日本人 Rìběnrén	日本人
咱们 zánmen	（聞き手を含む）私たち	中国人 Zhōngguórén	中国人
你们 nǐmen	あなたたち	吗 ma	〜か
他们 tāmen	彼ら	大夫 dàifu	医者
她们 tāmen	彼女たち	老师 lǎoshī	先生
贵姓 guìxìng	ご苗字	学生 xuésheng	学生

 ドリル

1 リスニング

(1) 単母音の聞き分け：発音されたものに○をつけなさい。

　　① e　er　　② o　e　　③ i　ü　　④ u　ü

(2) 子音の聞き分け：発音されたものに○をつけなさい。

　　① zhī　jī　　② xī　shī　　③ chī　qī　　④ fū　hū

(3) 声調の聞き分け：発音されたものに○をつけなさい。

　　① bā　bá　　② ké　kè　　③ lǚ　lù　　④ zhū　zhǔ

2 スピーキング：下線部を自分のことに置き換えて発表しましょう。

你们好！
我姓__山田__，我叫__山田　花子__。
我是日本人。我是__福冈__人。我是__学生__。
请多关照。

3 漢字ドリル：日本語と中国語の漢字を練習しなさい。

日本語漢字	中国語漢字						
	你						
護	护						
請	请						
関	关						
	吗						

4 会話問題：次の質問の答えを中国語で書きなさい。

（1）您贵姓?

（2）你叫什么名字?

（3）你是护士吗?

（4）你是中国人吗?

5 作文問題：次の日本語を中国語に訳しなさい。

（1）こんにちは。山田と申します。

（2）私は田中花子と言います。どうぞよろしくお願いします。

（3）私は看護師です。医者ではありません。

（4）彼女は日本人です。中国人ではありません。

6 選択問題：次の文の（　）に最も適当なものを選びなさい。

（1）中国の行政区は、23の省、4つの直轄市、5つの自治区と2つの特別行政区に分けられている。4つの直轄市は北京、上海、天津と（　　）である。
　　① 西安　　② 重慶　　③ 香港　　④ 広州

（2）中国の人口は約（　　）億である。
　　① 1.4　　② 1　　③ 14　　④ 10

第2課　どうなさいましたか

 発　音

1　複母音

ai	ei	ao	ou	
ia	ie	ua	uo	üe
iao	iou	uai	uei	

グループワーク

① 音声を聞きながら、各自、上記の複母音を発音しましょう。
② グループ4人で時計回りに、1人1つずつ発音しましょう。
③ X番の後について、グループ4人で一緒に発音しましょう。

2　声調の表記

（1）a＞o＞e＞i　u　ü の順に母音の上につける。
（2）iu、ui の場合、後の母音の上につける。
（3）i は点をとって声調符号をつける。

> 表記上の留意点
>
> 子音の後ろの iu、ui は、実際には iou、uei であり、o、e は省略されている。
> 　例：六 liù　水 shuǐ

会 話

护士：怎么了？
Zěnme le?

患者：头疼，嗓子也疼。
Tóu téng, sǎngzi yě téng.

护士：发烧吗？
Fāshāo ma?

患者：发烧。
Fāshāo.

护士：多少度？
Duōshao dù?

患者：三十八度五。
Sānshibā dù wǔ.

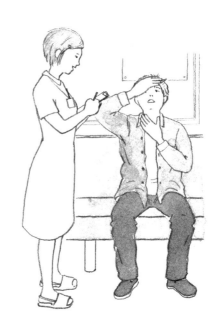

新出語句

怎么 zěnme	どう、どのように	嗓子 sǎngzi	のど
了 le	～た（変化や完了を表す）	也 yě	～も
怎么了 zěnme le	どうしましたか	发烧 fāshāo	熱がある
头 tóu	頭	多少 duōshao	どのくらい、何～
疼 téng	痛い	度 dù	～度

表現

1. 挨拶②

谢谢!　　　　　不客气。
Xièxie!　　　　Bú kèqi.

对不起。　　　没关系。
Duìbu qǐ.　　　Méi guānxi.

ペアワーク　ペアで練習しましょう

A：谢谢!　　　B：不客气。

A：对不起。　　B：没关系。

2. 数字の言い方

0	1	2	3	4	5	6	7	8	9
líng	yī	èr	sān	sì	wǔ	liù	qī	bā	jiǔ

10	20	30	40	50
shí	èrshí	sānshí	sìshí	wǔshí

60	70	80	90	100
liùshí	qīshí	bāshí	jiǔshí	yìbǎi

グループワーク　グループ4人で練習しましょう

① グループ4人で時計回りに、1人1つずつ1から100まで数えましょう。
② X番が日本語で数字を言って、残る3人で競い合って中国語で言いましょう。

ペアワーク　ペアで練習しましょう

電話番号
　　　　　　　0123-98-7654

携帯番号
　　　　　　　090-1234-5678

学籍番号
　　　　　　　216MM097　　184MN035

★ 覚えましょう

我头疼，嗓子也疼，发烧，三十八度五。

◆ 補足語句

谢谢 xièxie	ありがとう	牙 yá	歯
不客气 bú kèqi	どういたしまして	腰 yāo	腰
对不起 duìbu qǐ	すみません	腿 tuǐ	足
没关系 méi guānxi	かまいません	咳嗽 késou	咳が出る
病 bìng	病気		

中国の病院事情

　日本では全ての検査や治療を終えた上で一括の精算をしますが、中国の一般病院の外来では、その都度精算を行います。一般外来ではまず受付で問診料（10元くらい）を支払い、その後医師の診察を受け、例えばレントゲン検査が必要と言われた場合は、会計で先に料金を払ってからレントゲンの撮影をします。このようなシステムなので、病院が混雑している時は料金を支払うたびに何度も行列に並ばなければなりません。近年では都市部の主要な病院で外国人や中国の富裕層向けの特別外来が設けられています。患者数が少ないため診察がスムーズに進みます。

ドリル

1 リスニング

(1) 複母音の聞き分け：発音されたものに○をつけなさい。

① gāo　gōu　② huó　huá　③ bài　bèi　④ xiǎo　xiǔ

⑤ qiē　quē　⑥ lòu　luò　⑦ jiāo　juē　⑧ sōu　suō

(2) 声調の聞き分け：発音を聞いて、声調をつけなさい。

① 咖啡 kafei　② 手机 shouji　③ 没有 meiyou

④ 美国 Meiguo　⑤ 火锅 huoguo　⑥ 电视 dianshi

2 スピーキング：下線を置き換えて練習しなさい。

(1) A：你怎么了？　　　　　B：头疼。（病了／牙疼／腰疼／腿疼／咳嗽）

(2) A：发烧吗？多少度？　　B：发烧，38度。（37.6／39／38.5）

3 漢字ドリル：日本語と中国語の漢字を練習しなさい。

日本語漢字	中国語漢字					
	么					
頭	头					
発	发					
燒	烧					
対	对					

4 会話問題：次の質問の答えを中国語で書きなさい。

（1）你怎么了？

（2）你发烧吗？

（3）你头疼吗？

（4）你嗓子疼吗？

5 作文問題：次の日本語を中国語に訳しなさい。

（1）ありがとうございます。 ― どういたしまして。

（2）すみません。 ― かまいません。

（3）何度ですか。 ― 38度です。

（4）頭が痛くて、のども痛いです。

6 選択問題：次の文の（　）に最も適当なものを選びなさい。

（1）中国の首都は北京である。中国の行政区は大別すると、省、自治区、直轄市と特別行政区に分けられるが、2つの特別行政区は香港と（　）である。

　　① 上海　　② 澳門　　③ 天津　　④ 重慶

（2）中国では携帯電話番号や自動車のナンバープレートなど、縁起の良い数字の並びは高い値段で取引されることがある。中国で一番縁起の良い数字は（　）である。

　　① 5　　② 7　　③ 8　　④ 9

第3課　この薬はどう飲みますか

 発音

1 鼻母音

an	en	ang	eng	ong
ian	in	iang	ing	iong
uan	uen	uang	ueng	
üan	ün			

グループワーク

① 音声を聞きながら、各自、上記の鼻母音を発音しましょう。
② グループ4人で時計回りに、1人1つずつ発音しましょう。
③ X番の後について、グループ4人で一緒に発音しましょう。

> 表記上の留意点
> ① 子音の後ろの un は、実際には uen であり、e は省略されている。
>   例：村 cūn
> ② j、q、x の後ろの u は、実際には ü で発音する。
>   例：军 jūn　去 qù　学 xué

会 話

医生：是感冒。
　　　Shì gǎnmào.

患者：是吗？
　　　Shì ma?

医生：开五天的感冒药。
　　　Kāi wǔ tiān de gǎnmào yào.

患者：这药怎么吃？
　　　Zhè yào zěnme chī?

医生：一天三次，饭后吃。
　　　Yì tiān sān cì, fàn hòu chī.

患者：明白了。
　　　Míngbai le.

新出語句

感冒 gǎnmào	風邪（をひく）	吃 chī	食べる
开 kāi	①開ける　②処方する	吃药 chī yào	薬を飲む
天 tiān	〜日間	次 cì	〜回
的 de	〜の〜	饭 fàn	ご飯、食事
药 yào	薬	后 hòu	あと、後ろ
感冒药 gǎnmào yào	風邪薬	饭后 fàn hòu	食後
这 zhè	これ・この、それ・その	明白 míngbai	わかる

1. 指示代名詞

これ・この	それ・その	あれ・あの	どれ・どの
这 zhè	那 nà		哪 nǎ
这个 zhège・zhèige	那个 nàge・nèige		哪个 nǎge・něige

グループワーク グループ4人で練習しましょう

A：这是什么？　B：这是感冒药。

A：这是田中医生，这是山田护士，这是中山护士。
B：我姓田中，请多关照。
C：我姓山田，请多关照。
D：我姓中山，请多关照。

2. ～の～："……的……"

我的药　　　他的病　　　护士的名字
wǒ de yào　　tā de bìng　　hùshi de míngzi

医生开的药　　　　他写的书
yīshēng kāi de yào　　tā xiě de shū

ペアワーク ペアで練習しましょう

日本的手机　　患者的名字

老师写的书　　饭后吃的感冒药

3. どう〜するか:"怎么"+V

怎么走？　　　　　怎么写？
zěnme zǒu?　　　　zěnme xiě?

怎么读？　　　　　怎么说？
zěnme dú?　　　　 zěnme shuō?

ペアワーク ペアで練習しましょう

这个怎么写？　　那个怎么读？

我怎么说？　　　医院怎么走？

覚えましょう

医生开了五天的感冒药，一天三次，饭后吃。

補足語句

那 nà	それ・その、あれ・あの	说 shuō	話す
哪 nǎ	どれ、どの	医院 yīyuàn	病院
这个 zhège・zhèige	これ・この、それ・その	前 qián	前
那个 nàge・nèige	それ・その、あれ・あの	饭前 fàn qián	食前
哪个 nǎge・něige	どれ、どの	这么 zhème	こう、このように
写 xiě	書く	几 jǐ	何〜、いくつ
书 shū	本	片 piàn	〜錠、〜枚
走 zǒu	行く、歩く	两 liǎng	2〜
读 dú	読む		

中日友好病院

　　北京の病院で日本人が最も多く訪れるのは、中日友好病院です。近年は医療サービスの質の高い外資系病院との競争が激しいため、日本人の来院は減少傾向にあるようですが、それでも年間1万人の患者さんが診察を受けています。次に多いのが、日本人医師が常駐しているSOS international clinicで、症状に応じて大学病院などへの紹介も行なっています。

 ドリル

1 リスニング

（1）鼻母音の聞き分け：発音されたものに○をつけなさい。

① huán　huáng　② zhēn　zhēng　③ jīn　jīng

④ wēn　wēng　⑤ qún　qióng　⑥ gǔn　gǒng

（2）声調の聞き分け：発音を聞いて、声調をつけなさい。

① 明天 mingtian　② 香槟 xiangbin　③ 经常 jingchang

④ 心情 xinqing　⑤ 东京 Dongjing　⑥ 香港 Xianggang

2 スピーキング：下線を置き換えて練習しなさい。

（1）A：怎么吃？　　B：饭后吃。（饭前／这么）

（2）A：一天几次？　B：一天一次。一次一片。（两／三／四）

3 漢字ドリル：日本語と中国語の漢字を練習しなさい。

日本語漢字	中国語漢字						
開	开						
薬	药						
這	这						
喫	吃						
飯	饭						

4 会話問題：次の質問の答えを中国語で書きなさい。

（1）这是感冒药吗?

（2）这是几天的药?

（3）这药怎么吃?

（4）哪个是我的药?

5 作文問題：次の日本語を中国語に訳しなさい。

（1）私は風邪をひきました。

（2）医者は三日間の風邪薬を処方します。

（3）この薬は一日二回、食後に飲みます。

（4）これはどう食べますか。

6 選択問題：次の文の（　）に最も適当なものを選びなさい。

（1）中国の面積は約960万平方キロメートルで、日本の約（　）倍である。

　　① 16　　② 20　　③ 26　　④ 30

（2）中国の通貨は人民元（人民幣RMB）と呼ばれている。単位は元、角、分の3種類である。一番高額の紙幣は（　）である。

　　① 10元　　② 50元　　③ 100元　　④ 1000元

第4課　病室はどこですか

発　音

🎵24　1　声調の変調

（1）第3声の声調

① 第3声：単独で発音する、または強調する場合。

wǒ（我）　　　hǎo（好）

② 第2声：第3声の前にある場合。

nǐ hǎo（你好）　　shuǐguǒ（水果）

③ 半3声：第1、2、4声及び軽声の前、または語尾にある場合。

měitiān（每天）　　lǚxíng（旅行）　　wǔfàn（午饭）

wǒmen（我们）　　yìqǐ（一起）

（2）"不"の声調

① 第4声：第1、2、3声の前にある場合。

bù chī（不吃）　　bù lái（不来）　　bù mǎi（不买）

② 第2声：第4声の前にある場合。

bú shì（不是）　　bú qù（不去）　　bú zài（不在）

（3）"一"の声調

① 第1声：単独または序数として使われる場合、また語尾にある場合。

yī（一）　　dì-yī（第一）　　wànyī（万一）

② 第2声：第4声の前にある場合。

yíxià（一下）　　yíhuìr（一会儿）　　yí ge（一个）

③ 第4声：第1、2、3声の前にある場合。

yìqiān（一千）　　yì nián（一年）　　yìqǐ（一起）

① 音声を聞きながら、各自、上記の声調の変調の例を発音しましょう。

② グループ4人で時計回りに、1人1つずつ発音しましょう。

③ X番の後について、グループ4人で一緒に発音しましょう。

♪25 2 アール化音("儿化音")

(1) -i と -n の場合、i と n の発音が脱落し、er の発音をつけ加える。
　　例：小孩儿 xiǎoháir　　一点儿 yìdiǎnr
(2) -ng の場合、前の母音を鼻音化して、er の発音をつけ加える。
　　例：电影儿 diànyǐngr　　有空儿 yǒu kòngr
(3) 上記(1)と(2)以外の場合、er の発音をつけ加える。
　　例：画画儿 huà huàr　　小猫儿 xiǎo māor

♪26 3 発音のまとめ

音節構造		子音＋母音（介音＋主母音＋尾音）/声調						
子音 (21)		b	p	m	f	j	q	x
		d	t	n	l	z	c	s
		g	k		h	zh	ch	sh	r
母音 (36)	単母音 (7)	a	o	e	er	i	u	ü
	複母音 (13)	ai	ei		ao	ou		
		ia	ie		ua	uo	üe	
		iao	iou		uai	uei		
	鼻母音 (16)	an	en		ang	eng	ong	
		ian	in		iang	ing	iong	
		uan	uen		uang	ueng		
		üan	ün					
声調		四声、軽声　ā á ǎ à a						

会 话 （病棟にて）入院したばかりの患者と看護師の会話

护士：这里是护士站。
Zhèli shì hùshi zhàn.

患者：噢。我的病房在哪儿?
Ō. Wǒ de bìngfáng zài nǎr?

护士：在这边儿。
Zài zhèibiānr.

患者：厕所呢?
Cèsuǒ ne?

护士：那边儿。
Nèibiānr.

患者：谢谢！
Xièxie!

  新出語句

这里 zhèli	ここ、そこ	哪儿 nǎr	どこ
站 zhàn	①駅 ②立つ	这边儿 zhèibiānr	こちら、そちら
护士站 hùshi zhàn	ナースステーション	厕所 cèsuǒ	トイレ
噢 ō	おお	呢 ne	～は？
病房 bìngfáng	病室	那边儿 nèibiānr	そちら、あちら
在 zài	ある、いる		

表 現

1. 場所代名詞

ここ	そこ	あそこ	どこ
这儿 zhèr	那儿 nàr		哪儿 nǎr
这里 zhèli	那里 nàli		哪里 nǎli

ペアワーク ペアで練習しましょう

A：这儿是护士站吗？　　B：这儿是护士站。

A：那里是病房吗？　　　B：那里是病房。

2. 方向表現

こちら	そちら	あちら	どちら
这边儿 zhèibiānr	那边儿 nèibiānr		哪边儿 něibiānr

ペアワーク ペアで練習しましょう

A：这边儿是内科。那边儿是外科。

B：这边儿是病房。那边儿是厕所。

3. 〜は〜にある / いる：存在主体＋"在"＋存在場所

我在三楼。　　　　病历在桌子上。
Wǒ zài sān lóu.　　Bìnglì zài zhuōzi shang.

ペアワーク　ペアで練習しましょう

A：你在哪儿?　　　B：我在病房。

A：病房在哪儿?　　B：在八楼。

覚えましょう

护士站在二楼，我的病房在三楼。厕所在那边儿。

補足語句

这儿 zhèr	ここ、そこ	楼 lóu	〜階、ビル
那儿 nàr	そこ、あそこ	病历 bìnglì	カルテ
那里 nàli	そこ、あそこ	桌子 zhuōzi	机、テーブル
哪里 nǎli	どこ	上 shàng	上
哪边儿 něibiānr	どちら	住院处 zhùyuànchù	病棟
内科 nèikē	内科	挂号处 guàhàochù	受付
外科 wàikē	外科		

中国の保険制度と医療保険

　中国では社会保険（国によるもの）と商業保険（企業によるもの）の2つの保険形態があります。現行の社会保険制度では、養老保険（年金）、医療保険、失業保険、労災保険、出産保険があります。

　中国の医療保険制度は西洋諸国や日本ほど完備されていませんが、一方で日本より進んでいる点もあります。例えば、中国の保険証には医療クレジットカード機能がついています。毎月納めている保険料に応じて上限が決められていますが、保険証で治療費が支払えるのです。病院での治療費以外にも、指定薬局であれば市販薬にも保険がきくので、保険証を用いて薬局で薬が買えます。風邪薬や胃薬といった常備薬も、ほとんど自分でお金を出して買わずに済みます。こういう点も、日本より進んでいると言えます。

ドリル

1 リスニング

（1）子音の聞き分け：発音を聞いて、下線部に子音を書きなさい。

① 対话　uì　uà　　② 自负　ì　ù　　③ 日本　ì　ěn

④ 中国　ōng　uó　　⑤ 春节　ūn　ié　　⑥ 考试　ǎo　ì

（2）声調の聞き分け：発音を聞いて、声調をつけなさい。

① 上海 Shanghai　② 可乐 kele　③ 红茶 hongcha

④ 寿司 shousi　⑤ 问题 wenti　⑥ 沙龙 shalong

2 スピーキング：下線を置き換えて練習しなさい。

A：护士站在哪儿？（医院／住院处／挂号处／内科／外科）

B：在这边儿。（那边儿／一楼／二楼）

3 漢字ドリル：日本語と中国語の漢字を練習しなさい。

日本語漢字	中国語漢字					
	站					
	哪					
辺	边					
厠	厕					
謝	谢					

4 会話問題：次の質問の答えを中国語で書きなさい。

（1）这儿是哪儿？

（2）这里是护士站吗？

（3）厕所在哪儿？

（4）你的病房在那边儿吗？

5 作文問題：次の日本語を中国語に訳しなさい。

（1）私は病棟にいます。

（2）ナースステーションはどこですか。

（3）あなたの薬は机の上にあります。

（4）患者は受付にいます。

6 選択問題：次の文の（　）に最も適当なものを選びなさい。

（1）中国は多民族国家で、56の民族がある。そのうち漢民族の人口が最も多く、約（　）％を占める。

　　① 86.5　　② 96.5　　③ 81.5　　④ 91.5

（2）最初に中国を統一した王朝は（　）朝である。

　　① 秦　　② 唐　　③ 宋　　④ 漢

第5課　具合はいかがですか

 会話 （入院五日目）

护士：今天感觉怎么样？
　　　Jīntiān gǎnjué zěnmeyàng?

患者：不太好。
　　　Bú tài hǎo.

护士：怎么了？
　　　Zěnme le?

患者：夜里睡得不好。
　　　Yèli shuìde bù hǎo.

护士：快手术了，有点儿担心吧？
　　　Kuài shǒushù le, yǒudiǎnr dānxīn ba?

患者：是啊，有点儿害怕。
　　　Shì a, yǒudiǎnr hàipà.

 新出語句

今天 jīntiān	今日	手术 shǒushù	手術する
感觉 gǎnjué	感覚、感じ	有点儿 yǒudiǎnr	少し
怎么样 zěnmeyàng	どうですか	担心 dānxīn	不安だ、心配する
不太 bú tài	あまり〜ない	吧 ba	〜だろう、〜しよう、〜してください
夜里 yèli	夜		
睡 shuì	寝る、眠る	啊 a	〜ね
得 de	〜するのが〜	害怕 hàipà	怖い、怖がる
快 kuài	速い、もうすぐ		

表現

1. あまり～ない："不太……"

不太疼。　　　不太多。　　　不太大。
Bú tài téng.　Bú tài duō.　Bú tài dà.

ペアワーク　ペアで練習しましょう

A：你嗓子疼吗？　　　　B：不太疼。

A：你们医院患者多吗？　B：不太多。

2. もうすぐ／間もなく～だ："快……了"

快考试了。　　　　　快放暑假了。
Kuài kǎoshì le.　　　Kuài fàng shǔjià le.

ペアワーク　ペアで練習しましょう

A：感冒怎么样了？　　　B：快好了。

A：你们放暑假了吗？　　B：快放暑假了。

3. ～だろう／～しよう／～してください："……吧"

你弟弟也去吧？　　　我们吃吧！　　　你来医院吧！
Nǐ dìdi yě qù ba?　　Wǒmen chī ba!　　Nǐ lái yīyuàn ba!

ペアワーク　ペアで練習しましょう

A：你妹妹也去吧？　　　B：我妹妹不去。

A：我有点儿发烧。　　　B：你去医院吧！

4. 〜するのが〜：V +"得"……

我吃得很好。　　　　　我姐姐汉语说得很好。
Wǒ chīde hěn hǎo.　　　Wǒ jiějie Hànyǔ shuōde hěn hǎo.

ペアワーク　ペアで練習しましょう

A：你睡得怎么样？　　　　B：我睡得很好。

A：李老师汉语说得快吗？　　B：李老师说得不太快。

覚えましょう

快手术了，有点儿担心，也有点儿害怕。
感觉不太好，夜里睡得也不好。

補足語句

多 duō	多い、多く	很 hěn	とても
大 dà	大きい、大きな	姐姐 jiějie	姉
考试 kǎoshì	試験、受験する	汉语 Hànyǔ	中国語
放暑假 fàng shǔjià	夏休みになる	哥哥 gēge	兄
弟弟 dìdi	弟	身体 shēntǐ	体
去 qù	行く	妈妈 māma	母
来 lái	来る	爸爸 bàba	父
妹妹 mèimei	妹	舒服 shūfu	気分がいい

中国人の「健身法」

　中国の人たちは「病気になったらどうするか」ではなく、「病気にならないように常に健康を保つこと」にとても注意を払います。早朝に広場へ行けば太極拳をしているお年寄りを見かけますし、夕方になれば散歩やダンス、体操をしている人たちで広場や道が溢れかえります。特に、最近は広場ダンス（广场舞 guǎngchǎngwǔ）が流行っています。

ドリル

1 リスニング：音声を聞いて、（　）に中国語を書きなさい。

（1）你叫（　　　　）名字?

（2）我哥哥是（　　　　）。

（3）他汉语说得（　　　　）。

（4）你感觉（　　　　）?

（5）护士站在（　　　　）?

2 スピーキング：下線を置き換えて練習しなさい。

A：<u>感觉怎么样</u>?（你身体／你妈妈／你爸爸／这个）

B：<u>很好</u>。（不太好／不好／有点儿不舒服）

3 漢字ドリル：日本語と中国語の漢字を練習しなさい。

日本語漢字	中国語漢字						
	怎						
覚	觉						
様	样						
術	术						
	啊						

4 会話問題：次の質問の答えを中国語で書きなさい。

（1）你睡得怎么样？　_____

（2）你吃得也不太好吧？　_____

（3）你汉语说得好吗？　_____

（4）快考试了，你担心吗？　_____

5 作文問題：次の日本語を中国語に訳しなさい。

（1）どうなさいましたか。

（2）もうすぐ手術です。

（3）ちょっと怖いです。

（4）この病院のお医者さんはどうですか。

6 選択問題：次の文の（　）に最も適当なものを選びなさい。

（1）中国で一番長く、世界で第3位の川は長江で、その長さは約（　）キロメートルである。

① 5464　　② 6300　　③ 6437　　④ 6853

（2）中国の鑑真は仏教を日本に伝えるため、渡海を試みるが失敗し、6回目にようやく日本に渡った。そして奈良に（　）という寺を建てた。

① 金閣寺　　② 銀閣寺　　③ 東大寺　　④ 唐招提寺

第6課　心配いりません

会　話

护士：不用担心，这是小手术。
Búyòng dānxīn, zhè shì xiǎo shǒushù.

患者：我知道，可是……
Wǒ zhīdào, kěshì……

护士：你的主治医经验很丰富！
Nǐ de zhǔzhìyī jīngyàn hěn fēngfù!

患者：是吗？
Shì ma?

护士：这样的手术他每周都做几次。
Zhèyàng de shǒushù tā měi zhōu dōu zuò jǐ cì.

患者：那我就放心多了！
Nà wǒ jiù fàngxīn duō le!

新出語句

不用 búyòng	〜する必要はない	这样 zhèyàng	こう、このように
小 xiǎo	小さい、小さな	每周 měi zhōu	毎週
知道 zhīdào	知る、わかる	都 dōu	みな、すべて
可是 kěshì	でも、だが	做 zuò	する
主治医 zhǔzhìyī	主治医	那 nà	それでは
经验 jīngyàn	経験	就 jiù	〜すぐ
丰富 fēngfù	豊かだ、豊富だ	放心 fàngxīn	安心する

表 現

1. 〜する必要はない / 〜しなくてもいい：" 不用……"

不用害怕。　　　不用去医院。
Bú yòng hàipà.　　Bú yòng qù yīyuàn.

ペアワーク　ペアで練習しましょう

不用担心。　　不用吃药。　　不用手术。

不用考试。　　不用吃饭。　　不用看书。

2. 〜は〜が〜だ：主述述語文

今天天气很好。　　　　汉语发音很难。
Jīntiān tiānqì hěn hǎo.　　Hànyǔ fāyīn hěn nán.

ペアワーク　ペアで練習しましょう

她头疼。　我们医院患者很多。　日语发音很简单。

3. だいぶ / ずっと〜だ："……多了"

感冒已经好多了。　　　　电脑比电视贵多了。
Gǎnmào yǐjīng hǎo duō le.　　Diànnǎo bǐ diànshì guì duō le.

ペアワーク　ペアで練習しましょう

好吃多了。　　好喝多了。　　好看多了。　　好听多了。

这样就舒服多了。　　这个比那个便宜多了！

覚えましょう

我知道是小手术，可是很担心。护士说，我的主治医经验很丰富，这样的手术他每周都做几次。听了护士说的，我就放心多了。

補足語句

看 kàn	見る、読む	好吃 hǎochī	（食べ物が）おいしい
天气 tiānqì	天気	好喝 hǎohē	（飲み物が）おいしい
发音 fāyīn	発音	好看 hǎokàn	きれいだ
难 nán	難しい	好听 hǎotīng	（声・音が）きれいだ
日语 Rìyǔ	日本語	便宜 piányi	安い
简单 jiǎndān	簡単だ	听 tīng	聞く
已经 yǐjīng	もう、すでに	打针 dǎzhēn	注射する
电脑 diànnǎo	パソコン	住院 zhùyuàn	入院する
比 bǐ	～より	看病 kànbìng	受診する
电视 diànshì	テレビ	太……了 tài……le	とても～だ
贵 guì	（値段が）高い	大学 dàxué	大学

中国の病院

中国の病院は総合病院のほかに、小児科や産婦人科、精神科などの専門病院も多くあります。中国の病院は規模と施設に応じて、「1～3級」に区分されます。3級病院が最も充実し、規模が大きいです。各等級別に、更に甲、乙、丙というランクがあります。1000点満点の審査基準で900点以上は甲級、750点～899点は乙級、749点以下は丙級です。

♪41 ドリル

1 リスニング：音声を聞いて、（　）に中国語を書きなさい。

（1）（　　　　）担心。

（2）（　　　　）害怕。

（3）快（　　　　）了。

（4）这药（　　　　）吃？

（5）一天（　　　　）次，（　　　　）吃。

2 スピーキング：下線を置き換えて練習しなさい。

A：不用<u>担心</u>。（手术／打针／住院／看病／害怕）

B：太好了。

3 漢字ドリル：日本語と中国語の漢字を練習しなさい。

日本語漢字	中国語漢字						
気	气						
経	经						
験	验						
豊	丰						
針	针						

4 会話問題：次の質問の答えを中国語で書きなさい。

（1）今天天气好吗？

（2）你不用去医院吗？

（3）你每周来大学几次？

（4）汉语发音难吗？

5 作文問題：次の日本語を中国語に訳しなさい。

（1）小さな手術だとわかっていますが…

（2）私の主治医は手術の経験が豊富です。

（3）薬を飲む必要はありません。

（4）それならだいぶ安心しました。

6 選択問題：次の文の（　　）に最も適当なものを選びなさい。

（1）中国の学校の新学期は日本と違って、（　　）月頃である。小学校から大学まですべて2学期制である。長期休暇は夏休みと冬休みである。

① 2　　② 3　　③ 7　　④ 9

（2）日本語では、外来語をカタカナで表記できるが、中国語は漢字だけで表記するので、場合により漢字を表音文字として使わなければならない。例えば、（　　）を「巧克力（qiǎokèlì）」のようにすべて漢字で表記する。

① タルト　　② ビスケット　　③ チョコレート　　④ クッキー

第7課　退院おめでとう

护士：今天出院，祝贺你！
　　　Jīntiān chūyuàn, zhùhè nǐ!

患者：谢谢大夫！谢谢山田小姐！
　　　Xièxie dàifu! Xièxie Shāntián xiǎojiě!

医生：回去好好儿休息，要按时吃药。
　　　Huíqù hǎohāor xiūxi, yào ànshí chī yào.

患者：可以喝酒吗？
　　　Kěyǐ hē jiǔ ma?

医生：要少喝酒，多喝水。
　　　Yào shǎo hē jiǔ, duō hē shuǐ.

患者：知道了。
　　　Zhīdào le.

护士：请多保重！
　　　Qǐng duō bǎozhòng!

患者：谢谢！再见！
　　　Xièxie! Zàijiàn!

新出語句

出院 chūyuàn	退院する		可以 kěyǐ	～してもいい
祝贺 zhùhè	祝う		喝 hē	飲む
小姐 xiǎojiě	お嬢さん、～さん		酒 jiǔ	酒
回去 huíqù	帰っていく		少 shǎo	少ない、少なく
好好儿 hǎohāor	よく、しっかりと		水 shuǐ	水、水分
休息 xiūxi	休む、休憩		保重 bǎozhòng	大事にする
要 yào	～しなければならない		请多保重 qǐng duō bǎozhòng	お大事に
按时 ànshí	時間通りに			

表現

1. ～してもいい："可以……"

这儿可以打电话吗？　　这儿不能打电话。
Zhèr kěyǐ dǎ diànhuà ma?　　Zhèr bù néng dǎ diànhuà.

ペアワーク　ペアで練習しましょう

A：我可以喝酒吗？　　B：可以。

A：今天可以出院吗？　　B：今天不能出院。

2. ～しなければならない／～すべきだ："要……"

要按时吃药。　　　　学生要好好儿学习。
Yào ànshí chī yào.　　Xuésheng yào hǎohāor xuéxí.

ペアワーク　ペアで練習しましょう

要多喝水。　　　要说汉语。

要多保重身体。　　要去医院看病。

要好好儿吃饭。　　出院后要好好儿休息。

覚えましょう

今天我出院，大夫、护士祝贺我出院了。回去后我要好好儿休息，按时吃药。医生说可以喝酒，这太好了。可是要少喝酒，多喝水。谢谢大夫、护士小姐的关照！

補足語句

打电话 dǎ diànhuà	電話をかける	咖啡 kāfēi	コーヒー
能 néng	〜することができる	茶 chá	お茶
学习 xuéxí	勉強する	玩儿 wánr	遊ぶ

救命センターの電話番号は120番
救急車は有料サービス

　大きな病気や怪我で救急車が必要になった場合には、自分で救命センターに電話（120番）して症状と所在地を伝える必要があります。派遣される救急車には医師が同乗しており、日本と違い患者は搬送される病院を指定することができます。ただし、医師が症状を診て、その病院が適さないと判断した場合には他の病院に搬送されます。医師の判断に逆らってでも希望の病院へ搬送を望む場合には、救命センターは一切責任を持たないという旨の同意書にサインすることが求められます。

　海外では、救急車が有料のところがほとんどですが、中国も例外ではありません。料金はタクシーと同様に移動距離に比例して増加するシステムになっています。急な発病や怪我で手持ちの現金が少ない場合には、身分証を預けて、後日支払いと引き換えに返してもらうことになります。

ドリル

1 リスニング：音声を聞いて、（　）に中国語を書きなさい。

(1) 要少（　　　），多（　　　）。

(2) 今天（　　　）太好了！

(3) 今天出院，（　　　）你。

(4) 回去好好儿（　　　）。

(5) （　　　）山田小姐。

2 スピーキング：下線を置き換えて練習しなさい。

A：可以<u>喝酒</u>吗？　（喝咖啡／喝茶／看电视／玩儿／打电话）

B：不能<u>喝酒</u>。

3 漢字ドリル：日本語と中国語の漢字を練習しなさい。

日本語漢字	中国語漢字
賀	贺
喝	喝
話	话
時	时
電	电

4 会話問題：次の質問の答えを中国語で書きなさい。

（1）这儿可以打电话吗？　＿＿＿＿＿＿＿＿＿＿＿＿＿＿＿＿＿＿＿＿

（2）山田今天出院吗？　＿＿＿＿＿＿＿＿＿＿＿＿＿＿＿＿＿＿＿＿＿

（3）患者按时吃药了吗？　＿＿＿＿＿＿＿＿＿＿＿＿＿＿＿＿＿＿＿＿

（4）我可以喝酒吗？　＿＿＿＿＿＿＿＿＿＿＿＿＿＿＿＿＿＿＿＿＿＿

5 作文問題：次の日本語を中国語に訳しなさい。

（1）退院おめでとうございます。

（2）帰ってからよく休んでください。

（3）お酒を控えて、水分はたくさんとってください。

（4）お大事にしてください。

6 選択問題：次の文の（　）に最も適当なものを選びなさい。

（1）日中国交正常化は1972年で、日中平和友好条約の締結は（　）年である。

　　① 1975　　② 1978　　③ 1980　　④ 1985

（2）中国では、急激な人口増加を緩和するため、1979年から「一人っ子政策」が実施された。人口抑制の効果が見られたが、社会全体における高齢化や労働人口の減少が深刻化したため、（　）年に廃止された。

　　① 2020　　② 2016　　③ 2010　　④ 2019

チャレンジ　2分以内で読めますか？

你们好！

10 我姓＿＿＿＿，叫＿＿＿＿＿＿。

我是日本人。我是＿＿＿＿人。

20 我是＿＿＿＿大学的学生。我的专业是护理。

30 我感冒了。头疼，嗓子也疼。发烧，三十八度五。

40 医生开了五天的感冒药。一天三次，饭后吃。

50 我住院了。病房在三楼。护士站在二楼。

快手术了，我有点儿害怕。

60 我感觉不太好。夜里睡得也不好。

我知道是小手术，可是很担心。

70 护士说我的主治医手术经验很丰富，

这样的手术他每周都做几次。

80 听了护士说的，我就放心多了。

今天我出院，大夫、护士祝贺我出院了。

90 回去后我要好好儿休息，按时吃药。

医生说可以喝酒，这太好了！可是要少喝酒，多喝水。

100 谢谢大夫、护士小姐的关照！

今后我要好好儿吃，好好儿睡，好好儿学习！

请多关照！

专业 zhuānyè	専門、学科	今后 jīnhòu	これから、今後
护理 hùlǐ	看護する		

各課会話のまとめ

【中国語】　　　　　　　　　【日本語訳】

A：你好！
　　我是护士，姓山田。
B：你好！
　　我叫李世民，请多关照。

A：怎么了？
B：头疼，嗓子也疼。
A：发烧吗？
B：发烧。
A：多少度？
B：三十八度五。

A：是感冒。
B：是吗？
A：开五天的感冒药。
B：这药怎么吃？
A：一天三次，饭后吃。
B：明白了。

A：这里是护士站。
B：噢。我的病房在哪儿？
A：在这边儿。
B：厕所呢？
A：那边儿。
B：谢谢！

【中国語】

A：今天感觉怎么样？
B：不太好。
A：怎么了？
B：夜里睡得不好。
A：快手术了，有点儿担心吧？
B：是啊，有点儿害怕。

A：不用担心，这是小手术。
B：我知道，可是……
A：你的主治医经验很丰富！
B：是吗？
A：这样的手术他每周都做几次。
B：那我就放心多了！

A：今天出院，祝贺你！
B：谢谢大夫！
　　谢谢山田小姐！
C：回去好好儿休息，要按时吃药。
B：可以喝酒吗？
C：要少喝酒，多喝水。
B：知道了。
A：请多保重！
B：谢谢！再见！

【日本語訳】

初級中国語文法

1. 断定文

A＋"是"＋B
（AはBだ）

我是护士。
Wǒ shì hùshi.

A＋"不是"＋B
（AはBではない）

我不是医生。
Wǒ bú shì yīshēng.

2. 存在文・所有文

① 存在主体＋"在"＋存在場所
（存在主体は存在場所にある／いる）

病历在桌子上。
Bìnglì zài zhuōzi shang.

存在主体＋"不在"＋存在場所
（存在主体は存在場所にない／いない）

我不在病房。
Wǒ bú zài bìngfáng.

② 存在場所＋"有"＋存在主体
（存在場所に存在主体がある／いる）

桌子上有感冒药。
Zhuōzi shang yǒu gǎnmào yào.

存在場所＋"没有"＋存在主体
（存在場所に存在主体がない／いない）

病房里没有桌子。
Bìngfáng li méiyǒu zhuōzi.

③ S＋"有"＋O
（SはOを持っている）

我有电脑。
Wǒ yǒu diànnǎo.

S＋"没有"＋O
（SはOを持っていない）

我没有手机。
Wǒ méiyǒu shǒujī.

3. 動詞文

① S＋V＋O
（SはOをVする）

我看电视。
Wǒ kàn diànshì.

S＋"不"＋V＋O
（SはOをVしない）

我不看电视。
Wǒ bú kàn diànshì.

② S＋V＋"了"＋O
（SはOをVした）

医生开了五天的感冒药。
Yīshēng kāile wǔ tiān de gǎnmào yào.

S＋"没"＋V＋O
（SはOをVしなかった）

我没去医院。
Wǒ méi qù yīyuàn.

4．形容詞文・比較文

① S ＋形容詞
　（S は〜〈形容詞〉）
头疼。
Tóu téng.

　S ＋"不"＋形容詞
　（S は〜〈形容詞〉ない）
嗓子不疼。
Sǎngzi bù téng.

② S₁ ＋ S₂ ＋形容詞
　（S₁ は S₂ が〜〈形容詞〉）
汉语发音很难。
Hànyǔ fāyīn hěn nán.

　S₁ ＋ S₂ ＋"不"＋形容詞
　（S₁ は S₂ が〜〈形容詞〉ない）
日语发音不难。
Rìyǔ fāyīn bù nán.

③ A ＋"比"＋ B ＋形容詞（＋数量）
　（A は B より（数量）〜〈形容詞〉）
电脑比电视贵（一千日元）。
Diànnǎo bǐ diànshì guì (yì qiān Rìyuán).

　A ＋"没有/不如"＋ B ＋（"那么"）形容詞
　（A は B ほど〜〈形容詞〉ない）
电视没有电脑（那么）贵。
Diànshì méiyǒu diànnǎo (nàme) guì.

5．疑問文

① 当否疑問文："……吗？"
　（〜か）
你是日本人吗?
Nǐ shì Rìběnrén ma?

② 疑問詞疑問文："……疑问词……？"
　（〜疑問詞〜か）
你的名字怎么读?
Nǐ de míngzi zěnme dú?

③ 省略疑問文：S₁……。S₂ ＋"呢？"
　（S₁ は〜。S₂ は？）
我是学生。你呢?
Wǒ shì xuésheng. Nǐ ne?

6．助動詞

① S ＋"能"＋ V ＋ O
　（S は O を V することができる）
你今天能喝酒吗?
Nǐ jīntiān néng hē jiǔ ma?

　S ＋"不能"＋ V ＋ O
　（S は O を V することができない）
我今天不能喝酒。
Wǒ jīntiān bù néng hē jiǔ.

② S ＋"可以"＋ V ＋ O
　（S は O を V してもいい）
我可以喝酒吗?
Wǒ kěyǐ hē jiǔ ma?

S ＋ "不能" ＋ V ＋ O
（S は O を V することができない）

你不能喝酒。
Nǐ bù néng hē jiǔ.

③ S ＋ "要/得 děi" ＋ V ＋ O
（S は O を V しなければならない／
〜 V すべきだ）

学生要好好儿学习。
Xuésheng yào hǎohāor xuéxí.

S ＋ "不用" ＋ V ＋ O
（S は O を V する必要はない／
〜 V しなくてもいい）

你不用去医院。
Nǐ búyòng qù yīyuàn.

7．文末助詞

① "……吧"
（〜だろう／〜 V しよう／〜 V してください）

他也去医院吧？
Tā yě qù yīyuàn ba?

我们喝咖啡吧。
Wǒmen hē kāfēi ba.

你吃药吧！
Nǐ chī yào ba!

② "……了"
（〜になった／〜くなった／〜ようになった）

放暑假了。
Fàng shǔjià le.

感冒好了。
Gǎnmào hǎo le.

可以喝酒了。
Kěyǐ hē jiǔ le.

③ "……啊"
（〜ね）

是啊，有点儿害怕。
Shì a, yǒudiǎnr hàipà.

8．補語

① 数量補語：S＋V＋数量＋O
（SはOを数量Vする）

我每周看三次电视。
Wǒ měi zhōu kàn sān cì diànshì.

② 様態補語：
S＋O＋V＋"得"＋形容詞
（SはOをVするのが～〈形容詞〉）

他汉语说得很好。
Tā Hànyǔ shuōde hěn hǎo.

S＋O＋V＋"得"＋"不"＋形容詞
（SはOをVするのが～〈形容詞〉ない）

李老师汉语说得不快。
Lǐ lǎoshī Hànyǔ shuōde bú kuài.

9．文型

①"不太……"
（あまり～ない）

嗓子不太疼。
Sǎngzi bú tài téng.

②"太……了"
（とても～だ）

太好了。
Tài hǎo le.

③"快／要／快要／就要……了"
（もうすぐ～だ）

快手术了。
Kuài shǒushù le.

中国語索引

＊本書でとりあげた語句をピンインのアルファベット順に配列した。数字は初出の課を示す。
数字のみ：新出語句、補：補足語句、発：発音、リ：ドリルのリスニング、チャ：チャレンジ

A

| 啊 a | ～ね | 5 |
| 按时 ànshí | 時間通りに | 7 |

B

爸爸 bàba	父	5 補
吧 ba	～だろう、～しよう、～してください	5
保重 bǎozhòng	大事にする	7
比 bǐ	～より	6 補
病 bìng	病気	2 補
病房 bìngfáng	病室	4
病历 bìnglì	カルテ	4 補
不 bù (bú)	～ではない、～しない、いいえ	1 補
不客气 bú kèqi	どういたしまして	2 補
不太 bú tài	あまり～ない	5
不用 bú yòng	～する必要はない	6

C

厕所 cèsuǒ	トイレ	4
茶 chá	お茶	7 補
吃 chī	食べる	3
吃药 chī yào	薬を飲む	3
出院 chūyuàn	退院する	7
春节 Chūn Jié	春節、旧正月	4 リ
次 cì	～回	3

D

打电话 dǎ diànhuà	電話をかける	7 補
打针 dǎzhēn	注射する	6 補
大 dà	大きい、大きな	5 補
大学 dàxué	大学	6 補
大夫 dàifu	医者	1 補
担心 dānxīn	不安だ、心配する	5
的 de	～の～	3
得 de	～するのが～	5
弟弟 dìdi	弟	5 補
电脑 diànnǎo	パソコン	6 補
电视 diànshì	テレビ	6 補
东京 Dōngjīng	東京	3 リ
都 dōu	みな、すべて	6
读 dú	読む	3 補
度 dù	～度	2
对不起 duìbu qǐ	すみません	2 補
对话 duìhuà	対話、会話	4 リ
多 duō	多い、多く	5 補
多少 duōshao	どのくらい、何～	2

F

发烧 fāshāo	熱がある	2
发音 fāyīn	発音	6 補
饭 fàn	ご飯、食事	3
饭后 fàn hòu	食後	3
饭前 fàn qián	食前	3 補
放暑假 fàng shǔjià	夏休みになる	5 補
放心 fàngxīn	安心する	6
丰富 fēngfù	豊かだ、豊富だ	6

G

感觉 gǎnjué	感覚、感じ	5
感冒 gǎnmào	風邪(をひく)	3
感冒药 gǎnmào yào	風邪薬	3
哥哥 gēge	兄	5 補
挂号处 guàhàochù	受付	4 補
关照 guānzhào	世話(をする)	1
贵 guì	(値段が)高い	6 補
贵姓 guì xìng	ご苗字	1 補

H

害怕 hàipà	怖い、怖がる	5
汉语 Hànyǔ	中国語	5 補
好 hǎo	よい、いい	1

好吃 hǎochī	（食べ物が）おいしい	6補
好好儿 hǎohāor	よく、しっかりと	7
好喝 hǎohē	（飲み物が）おいしい	6補
好看 hǎokàn	きれいだ	6補
好听 hǎotīng	（声・音が）きれいだ	6補
喝 hē	飲む	7
很 hěn	とても	5補
红茶 hóngchá	紅茶	4リ
后 hòu	あと、後ろ	3
护理 hùlǐ	看護する	チャ
护士 hùshi	看護師	1
护士站 hùshi zhàn	ナースステーション	4
患者 huànzhě	患者	1
回去 huíqù	帰っていく	7
火锅 huǒguō	しゃぶしゃぶ鍋	2リ

J

几 jǐ	何〜、いくつ	3補
简单 jiǎndān	簡単だ	6補
叫 jiào	〜という	1
姐姐 jiějie	姉	5補
今后 jīnhòu	これから、今後	チャ
今天 jīntiān	今日	5
经常 jīngcháng	いつも、よく	3リ
经验 jīngyàn	経験	6
酒 jiǔ	酒	7
就 jiù	〜すぐ	6

K

咖啡 kāfēi	コーヒー	7補
开 kāi	①開ける ②処方する	3
看 kàn	見る、読む	6補
看病 kànbìng	受診する	6補
考试 kǎoshì	試験、受験する	5補
咳嗽 késou	咳が出る	2補
可乐 kělè	コーラ	4リ
可是 kěshì	でも、だが	6
可以 kěyǐ	〜してもいい	7
快 kuài	速い、もうすぐ	5

L

来 lái	来る	5補
老师 lǎoshī	先生	1補
了 le	〜た（変化や完了を表す）	2
两 liǎng	2〜	3補
楼 lóu	〜階、ビル	4補

M

妈妈 māma	母	5補
吗 ma	〜か	1補
没关系 méi guānxi	かまいません	2補
没有 méiyǒu	ない、いない、持っていない	2リ
美国 Měiguó	アメリカ	2リ
每周 měi zhōu	毎週	6
妹妹 mèimei	妹	5補
明白 míngbai	わかる	3
明天 míngtiān	あした	3リ
名字 míngzi	名前	1補

N

哪 nǎ	どれ、どの	3補
哪个 nǎge·něige	どれ、どの	3補
哪里 nǎli	どこ	4補
哪儿 nǎr	どこ	4
那 nà	それ・その、あれ・あの	3補
那 nà	それでは	6
那个 nàge·nèige	それ・その、あれ・あの	3補
那里 nàli	そこ、あそこ	4補
那儿 nàr	そこ、あそこ	4補
奶奶 nǎinai	（父方の）祖母	1発
难 nán	難しい	6補
呢 ne	〜は？	4
哪边儿 něibiānr	どちら	4
那边儿 nèibiānr	そちら、あちら	4
内科 nèikē	内科	4補
能 néng	〜することができる	7補
你 nǐ	あなた、君	1
你好 nǐ hǎo	こんにちは	1
你们 nǐmen	あなたたち	1補
您 nín	あなた	1補

O

| 噢 ō | おお | 4 |

P

| 便宜 piányi | 安い | 6 補 |
| 片 piàn | ～錠、～枚 | 3 補 |

Q

前 qián	前	3 補
请多保重 qǐng duō bǎozhòng	お大事に	7
请多关照 qǐng duō guānzhào	どうぞよろしくお願いします	1
去 qù	行く	5 補

R

| 日本人 Rìběnrén | 日本人 | 1 補 |
| 日语 Rìyǔ | 日本語 | 6 補 |

S

嗓子 sǎngzi	のど	2
沙龙 shālóng	サロン	4 リ
上 shàng	上	4 補
上海 Shànghǎi	上海	4 リ
少 shǎo	少ない、少なく	7
谁 shéi·shuí	誰	1 補
身体 shēntǐ	体	5 補
什么 shénme	何	1 補
是 shì	～だ、はい	1
手机 shǒujī	携帯電話、スマートフォン	2 リ
手术 shǒushù	手術する	5
寿司 shòusī	寿司	4 リ
书 shū	本	3 補
舒服 shūfu	気分がいい	5 補
水 shuǐ	水、水分	7
睡 shuì	寝る、眠る	5
说 shuō	話す	3 補

T

他 tā	彼	1 補
她 tā	彼女	1 補
他们 tāmen	彼ら	1 補
她们 tāmen	彼女たち	1 補
太……了 tài……le	とても～だ	6 補
疼 téng	痛い	2
天 tiān	～日間	3
天气 tiānqì	天気	6 補
听 tīng	聞く	6 補
头 tóu	頭	2
腿 tuǐ	足	2 補

W

外科 wàikē	外科	4 補
玩儿 wánr	遊ぶ	7 補
问题 wèntí	問題	4 リ
我 wǒ	私、ぼく	1
我们 wǒmen	私たち	1 補

X

香槟 xiāngbīn	シャンパン	3 リ
香港 Xiānggǎng	香港(ホンコン)	3 リ
小 xiǎo	小さい、小さな	6
小姐 xiǎojiě	お嬢さん、～さん	7
写 xiě	書く	3 補
谢谢 xièxie	ありがとう	2 補
心情 xīnqíng	気持ち	3 リ
姓 xìng	姓、～という	1
休息 xiūxi	休む、休憩	7
学生 xuésheng	学生	1 補
学习 xuéxí	勉強する	7 補

Y

牙 yá	歯	2 補
腰 yāo	腰	2 補
药 yào	薬	3
要 yào	～しなければならない	7
爷爷 yéye	(父方の)祖父	1 発
也 yě	～も	2
夜里 yèli	夜	5
医生 yīshēng	医者	1 補
医院 yīyuàn	病院	3 補
已经 yǐjīng	もう、すでに	6 補
有点儿 yǒudiǎnr	少し	5

Z

在 zài	ある、いる	4
再见 zàijiàn	さようなら	1 補
咱们 zánmen	(聞き手を含む)私たち	1 補

怎么 zěnme	どう、どのように	2		知道 zhīdào	知る、わかる	6
怎么了 zěnme le	どうしましたか	2		中国人 Zhōngguórén	中国人	1 補
怎么样 zěnmeyàng	どうですか	5		主治医 zhǔzhìyī	主治医	6
站 zhàn	①駅 ②立つ	4		祝贺 zhùhè	祝う	7
这 zhè	これ・この、それ・その	3		住院 zhùyuàn	入院する	6 補
这个 zhège・zhèige	これ・この、それ・その	3 補		住院处 zhùyuànchù	病棟	4 補
这里 zhèli	ここ、そこ	4		专业 zhuānyè	専門、学科	チャ
这么 zhème	こう、このように	3 補		桌子 zhuōzi	机、テーブル	4 補
这儿 zhèr	ここ、そこ	4 補		自负 zìfù	自負する	4 リ
这样 zhèyàng	こう、このように	6		走 zǒu	行く、歩く	3 補
这边儿 zhèibiānr	こちら、そちら	4		做 zuò	する	6

日本語索引

*本書でとりあげた語句を五十音順に配列した。数字は初出の課を示す。
数字のみ：新出語句、補：補足語句、発：発音、リ：ドリルのリスニング、チャ：チャレンジ

ア行

開ける	开 kāi	3
足	腿 tuǐ	2 補
あした	明天 míngtiān	3 リ
あそこ	那里 nàli	4 補
	那儿 nàr	4 補
遊ぶ	玩儿 wánr	7 補
頭	头 tóu	2
あちら	那边儿 nèibiānr	4
あと	后 hòu	3
あなた	你 nǐ	1
	您 nín	1 補
あなたたち	你们 nǐmen	1 補
兄	哥哥 gēge	5 補
姉	姐姐 jiějie	5 補
あまり〜ない	不太 bú tài	5
アメリカ	美国 Měiguó	2 リ
ありがとう	谢谢 xièxie	2 補
ある	在 zài	4
歩く	走 zǒu	3 補
あれ・あの	那 nà	3
	那个 nàge・nèige	3 補
安心する	放心 fàngxīn	6
いい	好 hǎo	1
いいえ	不 bù (bú)	1 補
行く	去 qù	5 補
	走 zǒu	3 補
いくつ	几 jǐ	3 補
医者	大夫 dàifu	1 補
	医生 yīshēng	1 補
痛い	疼 téng	2
いつも	经常 jīngcháng	3 リ
いない	没有 méiyǒu	2 リ
妹	妹妹 mèimei	5 補
いる	在 zài	4
祝う	祝贺 zhùhè	7

上	上 shàng	4 補
受付	挂号处 guàhàochù	4 補
後ろ	后 hòu	3
駅	站 zhàn	4
(食べ物が)おいしい	好吃 hǎochī	6 補
(飲み物が)おいしい	好喝 hǎohē	6 補
おお	噢 ō	4
多い、多く	多 duō	5 補
大きい、大きな	大 dà	5 補
お嬢さん	小姐 xiǎojiě	7
お大事に	请多保重 qǐng duō bǎozhòng	7
お茶	茶 chá	7 補
弟	弟弟 dìdi	5 補

カ行

〜か	吗 ma	1 補
〜回	次 cì	3
〜階	楼 lóu	4 補
会話	对话 duìhuà	4 リ
帰っていく	回去 huíqù	7
書く	写 xiě	3 補
学生	学生 xuésheng	1 補
風邪(をひく)	感冒 gǎnmào	3
風邪薬	感冒药 gǎnmào yào	3
学科	专业 zhuānyè	チャ
彼女	她 tā	1 補
彼女たち	她们 tāmen	1 補
かまいません	没关系 méi guānxi	2 補
体	身体 shēntǐ	5 補
カルテ	病历 bìnglì	4 補
彼	他 tā	1 補
彼ら	他们 tāmen	1 補
感覚、感じ	感觉 gǎnjué	5
看護師	护士 hùshi	1
看護する	护理 hùlǐ	チャ
患者	患者 huànzhě	1
簡単だ	简单 jiǎndān	6 補

聞く	听 tīng	6 補
気分がいい	舒服 shūfu	5 補
君	你 nǐ	1
気持ち	心情 xīnqíng	3 リ
休憩	休息 xiūxi	7
旧正月	春节 Chūn Jié	4 リ
今日	今天 jīntiān	5
きれいだ	好看 hǎokàn	6 補
(声・音が)きれいだ	好听 hǎotīng	6 補
薬	药 yào	3
薬を飲む	吃药 chī yào	3
来る	来 lái	5 補
携帯電話	手机 shǒujī	2 リ
外科	外科 wàikē	4 補
こう	这么 zhème	3 補
	这样 zhèyàng	6
紅茶	红茶 hóngchá	4 リ
コーヒー	咖啡 kāfēi	7 補
コーラ	可乐 kělè	4 リ
ここ	这里 zhèli	4
	这儿 zhèr	4 補
腰	腰 yāo	2 補
こちら	这边儿 zhèibiānr	4
このように	这么 zhème	3 補
	这样 zhèyàng	6
ご飯	饭 fàn	3
ご苗字	贵姓 guì xìng	1 補
これ、この	这 zhè	3
	这个 zhège・zhèige	3 補
これから	今后 jīnhòu	チャ
怖い、怖がる	害怕 hàipà	5
今後	今后 jīnhòu	チャ
こんにちは	你好 nǐ hǎo	1

サ行

酒	酒 jiǔ	7
さようなら	再见 zàijiàn	1 補
サロン	沙龙 shālóng	4 リ
時間通りに	按时 ànshí	7
試験	考试 kǎoshì	5 補
しっかりと	好好儿 hǎohāor	7
〜してください	吧 ba	5
〜してもいい	可以 kěyǐ	7

〜しない	不 bù (bú)	1 補
〜しなければならない	要 yào	7
自負する	自负 zìfù	4 リ
しゃぶしゃぶ鍋	火锅 huǒguō	2 リ
上海	上海 Shànghǎi	4 リ
シャンパン	香槟 xiāngbīn	3 リ
受験する	考试 kǎoshì	5 補
主治医	主治医 zhǔzhìyī	6
手術する	手术 shǒushù	5
受診する	看病 kànbìng	6 補
春節	春节 Chūn Jié	4 リ
〜しよう	吧 ba	5
〜錠	片 piàn	3 補
食後	饭后 fàn hòu	3
食事	饭 fàn	3
食前	饭前 fàn qián	3 補
処方する	开 kāi	3
知る	知道 zhīdào	6
心配する	担心 dānxīn	5
水分	水 shuǐ	7
〜すぐ	就 jiù	6
少ない、少なく	少 shǎo	7
少し	有点儿 yǒudiǎnr	5
寿司	寿司 shòusī	4 リ
すでに	已经 yǐjīng	6 補
すべて	都 dōu	6
スマートフォン	手机 shǒujī	2 リ
すみません	对不起 duìbu qǐ	2 補
する	做 zuò	6
〜することができる	能 néng	7 補
〜するのが〜	得 de	5
〜する必要はない	不用 bú yòng	6
姓	姓 xìng	1
咳が出る	咳嗽 késou	2 補
世話(をする)	关照 guānzhào	6 補
先生	老师 lǎoshī	1 補
専門	专业 zhuānyè	チャ
そこ	那里 nàli	4 補
	那儿 nàr	4 補
	这里 zhèli	4
	这儿 zhèr	4 補
そちら	那边儿 nèibiānr	4
	这边儿 zhèibiānr	4

日本語	中国語	課
（父方の）祖父	爷爷 yéye	1発
（父方の）祖母	奶奶 nǎinai	1発
それ・その	那 nà	3補
	那个 nàge・nèige	3補
	这 zhè	3
	这个 zhège・zhèige	3補
それでは	那 nà	6

タ行

～た（変化や完了を表す）	了 le	2
～だ	是 shì	1
退院する	出院 chūyuàn	7
大学	大学 dàxué	6補
大事にする	保重 bǎozhòng	7
対話	对话 duìhuà	4リ
だが	可是 kěshì	6
（値段が）高い	贵 guì	6補
立つ	站 zhàn	4
食べる	吃 chī	3
誰	谁 shéi・shuí	1補
～だろう	吧 ba	5
小さい、小さな	小 xiǎo	6
父	爸爸 bàba	5補
中国語	汉语 Hànyǔ	5補
中国人	中国人 Zhōngguórén	1補
注射する	打针 dǎzhēn	6補
机	桌子 zhuōzi	4補
テーブル	桌子 zhuōzi	4補
～ではない	不 bù (bú)	1補
でも	可是 kěshì	6
テレビ	电视 diànshì	6補
天気	天气 tiānqì	6補
電話をかける	打电话 dǎ diànhuà	7補
～度	度 dù	2
～という	叫 jiào	1
	姓 xìng	1
トイレ	厕所 cèsuǒ	4
東京	东京 Dōngjīng	3リ
どう	怎么 zěnme	2
どういたしまして	不客气 bú kèqi	2補
どうしましたか	怎么了 zěnme le	2
どうぞよろしくお願いします	请多关照 qǐng duō guānzhào	1
どうですか	怎么样 zěnmeyàng	5
どこ	哪里 nǎli	4補
	哪儿 nǎr	4
どちら	哪边儿 něibiānr	4補
とても	很 hěn	5補
とても～だ	太……了 tài……le	6補
どのくらい	多少 duōshao	2
どのように	怎么 zěnme	2
どれ・どの	哪 nǎ	3補
	哪个 nǎge・něige	3補

ナ行

ナースステーション	护士站 hùshi zhàn	4
ない	没有 méiyǒu	2リ
内科	内科 nèikē	4補
夏休みになる	放暑假 fàng shǔjià	5補
何	什么 shénme	1補
何～	多少 duōshao	2
	几 jǐ	3補
名前	名字 míngzi	1補
2～	两 liǎng	3補
～日間	天 tiān	3
日本語	日语 Rìyǔ	6補
日本人	日本人 Rìběnrén	1補
入院する	住院 zhùyuàn	6補
～ね	啊 a	5
熱がある	发烧 fāshāo	2
寝る、眠る	睡 shuì	5
～の～	的 de	3
のど	嗓子 sǎngzi	2
飲む	喝 hē	7

ハ行

～は？	呢 ne	4
歯	牙 yá	2補
はい	是 shì	1
パソコン	电脑 diànnǎo	6補
発音	发音 fāyīn	6補
話す	说 shuō	3補
母	妈妈 māma	5補
速い	快 kuài	5
病院	医院 yīyuàn	3補
病気	病 bìng	2補

日本語	中国語	課
病室	病房 bìngfáng	4
病棟	住院处 zhùyuànchù	4 補
ビル	楼 lóu	4 補
不安だ	担心 dānxīn	5
勉強する	学习 xuéxí	7 補
豊富だ	丰富 fēngfù	6
ぼく	我 wǒ	1
本	书 shū	3 補
香港(ホンコン)	香港 Xiānggǎng	3 リ

マ行

~枚	片 piàn	3 補
毎週	每周 měi zhōu	6
前	前 qián	3 補
水	水 shuǐ	7
みな	都 dōu	6
見る	看 kàn	6 補
難しい	难 nán	6 補
~も	也 yě	2
もう	已经 yǐjīng	6 補
もうすぐ	快 kuài	5
持っていない	没有 méiyǒu	2 リ
問題	问题 wèntí	4 リ

ヤ行

安い	便宜 piányi	6 補
休む	休息 xiūxi	7
豊かだ	丰富 fēngfù	6
よい	好 hǎo	1
よく	好好儿 hǎohāor	7
	经常 jīngcháng	3 リ
読む	读 dú	3 補
	看 kàn	6 補
~より	比 bǐ	6 補
夜	夜里 yèli	5

ワ行

わかる	明白 míngbai	3
	知道 zhīdào	6
私	我 wǒ	1
私たち	我们 wǒmen	1 補
	咱们 zánmen	1 補

医療用語集

病名

アレルギー症	过敏症 guòmǐnzhèng
癌	癌症 áizhèng
エイズ	艾滋病 àizībìng
ぜんそく	气喘 qìchuǎn
拒食症	厌食症 yànshízhèng
アルツハイマー	阿尔茨海默病 ā'ěrcíhǎimòbìng / 老年痴呆症 lǎonián chīdāizhèng
自閉症／ひきこもり	孤独症 gūdúzhèng
うつ病	忧郁症 yōuyùzhèng / 抑郁症 yìyùzhèng
風邪	感冒 gǎnmào
インフルエンザ	流行性感冒 liúxíngxìng gǎnmào
脳溢血	脑溢血 nǎoyìxuè
心臓病	心脏病 xīnzàngbìng
心筋梗塞	心肌梗塞 xīnjī gěngsè
狭心症	心绞痛 xīnjiǎotòng
不整脈	心律不齐 xīnlǜ bù qí
高血圧	高血压 gāoxuèyā
糖尿病	糖尿病 tángniàobìng
肺炎	肺炎 fèiyán
肺結核	肺结核 fèijiéhé
肝炎	肝炎 gānyán
脳炎	脑炎 nǎoyán
胃炎	胃炎 wèiyán
胃潰瘍	胃溃疡 wèikuìyáng
十二指腸潰瘍	十二指肠溃疡 shí'èrzhǐcháng kuìyáng
腸炎	肠炎 chángyán
腎炎	肾炎 shènyán
鼻炎	鼻炎 bíyán
アレルギー性鼻炎	过敏性鼻炎 guòmǐnxìng bíyán
はしか	麻疹 mázhěn
マラリア	疟疾 nüèji
花粉症	花粉症 huāfěnzhèng
気管支炎	支气管炎 zhīqìguǎnyán
リウマチ	风湿 fēngshī
関節炎	关节炎 guānjiéyán

症状

気分が悪い	不舒服 bù shūfu
頭が痛い	头疼 tóu téng
喉が痛い	嗓子疼 sǎngzi téng
腹が痛い	肚子疼 dùzi téng
胃が痛い	胃疼 wèi téng
肩が痛い	肩膀疼 jiānbǎng téng
首が痛い	脖子疼 bózi téng
腰が痛い／腰痛	腰疼 yāo téng
膝が痛い	膝盖疼 xīgài téng
関節が痛い	关节疼 guānjié téng
下痢	拉肚子 lā dùzi
咳／咳が出る／咳をする	咳嗽 késou
痰が出る／痰を出す	吐痰 tǔ tán
熱が出る／熱がある／発熱する	发烧 fāshāo
鼻水が出る	流鼻涕 liú bítì
くしゃみをする	打喷嚏 dǎ pēntì
食欲がない	没有食欲 méiyǒu shíyù
吐き気がする	恶心 ěxin
嘔吐／吐く	呕吐 ǒutù
炎症を起こす	发炎 fāyán
息苦しい	呼吸困难 hūxī kùnnan
めまいがする	头晕 tóuyūn
寒気がする	发冷 fā lěng
体がだるい	疲倦 píjuàn
だるくて痛い	酸痛 suāntòng
痺れる	发麻 fā má

医療従事者

医者／医師／先生	医生 yīshēng
	大夫 dàifu
看護師	护士 hùshi

| 技師 | 技师 jìshī |
| 薬剤師 | 药剂师 yàojìshī |

病院関連

- 病院　医院 yīyuàn
- 病棟　住院部 zhùyuànbù
　　　住院处 zhùyuànchù
- リハビリテーションセンター
　　　康复中心 kāngfù zhōngxīn
- ナースステーション　护士站 hùshi zhàn
- ICU／集中治療室
　　　ICU
　　　重症监护室 zhòngzhèng jiānhùshì
- 受付　挂号处 guàhàochù
- 受付する　挂号 guàhào
- 健康保険証　医疗保险卡 yīliáo bǎoxiǎnkǎ
　　　医疗卡 yīliáokǎ
- 待合室　候诊室 hòuzhěnshì

- 内科　内科 nèikē
- 外科　外科 wàikē
- 呼吸器科　呼吸内科 hūxī nèikē
- 産婦人科　妇产科 fùchǎnkē
- 整形外科　矫形外科 jiǎoxíng wàikē
- 耳鼻咽喉科　耳鼻喉科 ěrbíhóukē
- 歯科　牙科 yákē
- 眼科　眼科 yǎnkē
- 皮膚科　皮肤科 pífūkē
- 小児科　小儿科 xiǎo'érkē
- 泌尿器科　泌尿科 mìniàokē
- 脳神経外科　脑神经外科 nǎoshénjīng wàikē
- 消化器科　消化内科 xiāohuà nèikē
- 薬局　药房 yàofáng

薬

- 処方箋　药方 yàofāng
- 錠剤　药片 yàopiàn
- 水薬　药水 yàoshuǐ
- 粉剤　药面 yàomiàn
- 内服薬　口服药 kǒufú yào
- 湿布薬　膏药 gāoyào
- 塗り薬　外涂药 wàitú yào
- 麻酔薬　麻醉药 mázuì yào
- 抗生物質　抗生素 kàngshēngsù

- 風邪薬　感冒药 gǎnmào yào
- 頭痛薬　头疼药 tóuténg yào
- 解熱剤　退烧药 tuìshāo yào
- 鎮痛剤／痛み止め薬　止痛药 zhǐtòng yào
- 下痢止め薬　止泻药 zhǐxiè yào
- 酔い止め薬　晕车药 yùnchē yào
　　　晕船药 yùnchuán yào
- 睡眠薬　安眠药 ānmián yào
- 漢方薬　中药 zhōngyào

検査／治療法

- 体温を測る　量体温 liáng tǐwēn
- 検尿　验尿 yànniào
- 検便　验便 yànbiàn
- 血液検査　验血 yànxuè
- 生化学検査　化验 huàyàn

- X線検査／レントゲン検査
　　　X光检查 X guāng jiǎnchá
　　　透视检查 tòushì jiǎnchá
- エコー検査／超音波検査
　　　B超 B chāo
　　　超声波检查 chāoshēngbō jiǎnchá

カテーテル検査	插管检查 chāguǎn jiǎnchá
心電図検査	心电图检查 xīndiàntú jiǎnchá
胃カメラ検査	胃镜检查 wèijìng jiǎnchá
CT 検査	CT 检查 CT jiǎnchá
	断层扫描 duàncéng sǎomiáo
MRI 検査	MRI 检查 MRI jiǎnchá
	核磁共振检查 hécí gòngzhèn jiǎnchá
人間ドック	短期综合体检 duǎnqī zōnghé tǐjiǎn
薬を飲む	吃药 chī yào
注射する	打针 dǎzhēn
手術する	手术 shǒushù
点滴する	打点滴 dǎ diǎndī
	输液 shūyè
入院する	住院 zhùyuàn
退院する	出院 chūyuàn
レーザー治療	激光治疗 jīguāng zhìliáo
放射線治療	放射治疗 fàngshè zhìliáo
	放疗 fàngliáo
化学療法	化学治疗 huàxué zhìliáo
	化疗 huàliáo
ペースメーカーの植込み	起搏器植入 qǐbóqì zhírù
バイパス手術	搭桥手术 dāqiáo shǒushù
カテーテル手術	导管手术 dǎoguǎn shǒushù

身体各部位の名称

人体解剖図

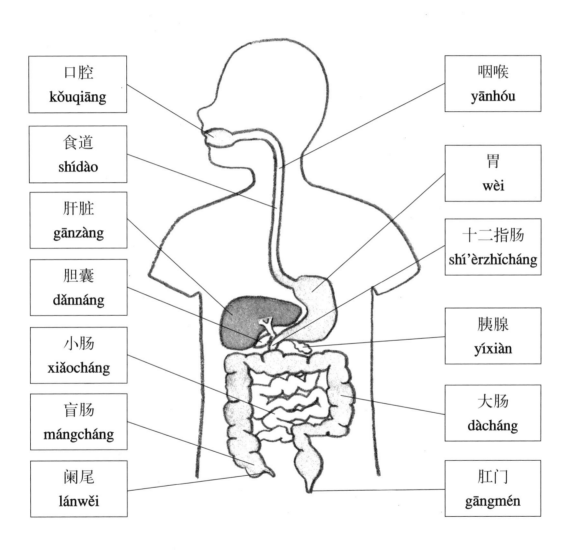

● 中国語音節表

声母\韵母	1（介音なし）																
	a	o	e	-i [ɿ] [ʅ]	er	ai	ei	ao	ou	an	en	ang	eng	ong	i	ia	ie	iao	iou/-iu
b	ba	bo				bai	bei	bao		ban	ben	bang	beng		bi		bie	biao	
p	pa	po				pai	pei	pao	pou	pan	pen	pang	peng		pi		pie	piao	
m	ma	mo	me			mai	mei	mao	mou	man	men	mang	meng		mi		mie	miao	miu
f	fa	fo					fei		fou	fan	fen	fang	feng						
d	da		de			dai	dei	dao	dou	dan	den	dang	deng	dong	di	dia	die	diao	diu
t	ta		te			tai		tao	tou	tan		tang	teng	tong	ti		tie	tiao	
n	na		ne			nai	nei	nao	nou	nan	nen	nang	neng	nong	ni		nie	niao	niu
l	la	lo	le			lai	lei	lao	lou	lan		lang	leng	long	li	lia	lie	liao	liu
g	ga		ge			gai	gei	gao	gou	gan	gen	gang	geng	gong					
k	ka		ke			kai	kei	kao	kou	kan	ken	kang	keng	kong					
h	ha		he			hai	hei	hao	hou	han	hen	hang	heng	hong					
j															ji	jia	jie	jiao	jiu
q															qi	qia	qie	qiao	qiu
x															xi	xia	xie	xiao	xiu
zh	zha		zhe	zhi		zhai	zhei	zhao	zhou	zhan	zhen	zhang	zheng	zhong					
ch	cha		che	chi		chai		chao	chou	chan	chen	chang	cheng	chong					
sh	sha		she	shi		shai	shei	shao	shou	shan	shen	shang	sheng						
r			re	ri				rao	rou	ran	ren	rang	reng	rong					
z	za		ze	zi		zai	zei	zao	zou	zan	zen	zang	zeng	zong					
c	ca		ce	ci		cai		cao	cou	can	cen	cang	ceng	cong					
s	sa		se	si		sai		sao	sou	san	sen	sang	seng	song					
ゼロ	a	o	e		er	ai	ei	ao	ou	an	en	ang			yi	ya	ye	yao	you

2 (介音 i)					3 (介音 u)									4 (介音 ü)			
ian	in	iang	ing	iong	u	ua	uo	uai	uei -ui	uan	uen -un	uang	ueng	ü	üe	üan	ün
bian	bin		bing		bu												
pian	pin		ping		pu												
mian	min		ming		mu												
					fu												
dian			ding		du		duo		dui	duan	dun						
tian			ting		tu		tuo		tui	tuan	tun						
nian	nin	niang	ning		nu		nuo			nuan				nü	nüe		
lian	lin	liang	ling		lu		luo			luan	lun			lü	lüe		
					gu	gua	guo	guai	gui	guan	gun	guang					
					ku	kua	kuo	kuai	kui	kuan	kun	kuang					
					hu	hua	huo	huai	hui	huan	hun	huang					
jian	jin	jiang	jing	jiong										ju	jue	juan	jun
qian	qin	qiang	qing	qiong										qu	que	quan	qun
xian	xin	xiang	xing	xiong										xu	xue	xuan	xun
					zhu	zhua	zhuo	zhuai	zhui	zhuan	zhun	zhuang					
					chu	chua	chuo	chuai	chui	chuan	chun	chuang					
					shu	shua	shuo	shuai	shui	shuan	shun	shuang					
					ru	rua	ruo		rui	ruan	run						
					zu		zuo		zui	zuan	zun						
					cu		cuo		cui	cuan	cun						
					su		suo		sui	suan	sun						
yan	yin	yang	ying	yong	wu	wa	wo	wai	wei	wan	wen	wang	weng	yu	yue	yuan	yun

著者

  李　偉（り　い）
　　久留米大学外国語教育研究所　教授（学術博士）

  管　虹（かん　こう）
　　久留米大学　非常勤講師（文学博士）

イラスト：山本久美子
表紙デザイン：細谷桃恵

協同学習で学ぶ　医療系中国語会話

2018 年 8 月 30 日　初版発行
2024 年 2 月 20 日　5 刷発行

著　者　李偉・管虹
発行者　佐藤和幸
発行所　白　帝　社
　　　　〒171-0014　東京都豊島区池袋 2-65-1
　　　　電話　03-3986-3271
　　　　FAX　03-3986-3272（営）／ 03-3986-8892（編）
　　　　https://www.hakuteisha.co.jp/

組版・印刷／倉敷印刷㈱　　製本／ティーケー出版印刷㈱

Printed in Japan〈検印省略〉6914　　　　ISBN978-4-86398-333-5
＊定価は表紙に表示してあります。

授業活動チェックシート（第5−7課）

各課の授業活動を○をつけてチェックしましょう。

項目	授業活動	5	6	7
語句	①授業前、QRコードかWebサイトで語句を学習する。			
	②音声を聞きながら各自音読する。			
	③時計回りに、1人1つずつ音読する。			
	④X番の後について、グループ4人で一緒に音読する。			
表現	①ペアで例文を日本語に訳す。			
	②グループ4人で話し合って訳を統一する。			
	③X番がほかのグループに出張して説明する。			
	④元のグループに戻り、ほかのグループとの相違を話し合う。			
	⑤ペアで各項目の練習をする。			
会話	①X番が1文音読し、次の人が訳す。			
	②訳し終わったら、次の1文を音読する。			
	③以下、時計回りに最後まで回す。			
	④訳が異なる場合は、話し合って決める。			
	⑤音声を聞きながら各自音読する。			
	⑥横ペアで2回音読する。			
	⑦縦ペアで2回音読する。			
	⑧漢字のみの会話で、上の⑤⑥⑦を繰り返す。			
	⑨グループ内で2ペア同士で発表を行う。			
	⑩指定されたグループが前に出て発表する。			
医療事情	①授業前、インターネットで関連内容を調べる。			
	②X番が読んで、メンバーはポイントをメモする。			
	③日中の相違について話し合い、誰が当たっても説明できるようにメモする。			
	④X番がメモだけ見て、グループメンバーに説明する。			
ドリル 4／5	①授業前、各自で解答を書く。			
	②全員ができたら4人で答え合わせをする。			
	③話し合って、グループの答えを統一する。			

グループ：＿＿＿＿＿＿＿　氏名：＿＿＿＿＿＿＿＿

振り返りシート（第5－7課）

　各課学習終了後、①中国語運用能力 ②日中文化の相違の気づき ③協同する力について、各自書きましょう。そして時計回りに発表しましょう。第7課終了後、グループ活動への協力について自己評価しましょう。

第5課	① ② ③
第6課	① ② ③
第7課	① ② ③
自己評価	5 とてもよい　4 よい　3 普通　2 あまりよくない　1 よくない

授業活動チェックシート（第1−4課）

各課の授業活動を○をつけてチェックしましょう。

項目	授業活動	1	2	3	4
発音	①音声を聞きながら各自音読する。				
	②時計回りに、1人1つずつ音読する。				
	③X番の後について、グループ4人で一緒に音読する。				
語句	①授業前、QRコードかWebサイトで語句を学習する。				
	②音声を聞きながら各自音読する。				
	③時計回りに、1人1つずつ音読する。				
	④X番の後について、グループ4人で一緒に音読する。				
表現	①ペアで例文を日本語に訳す。				
	②グループ4人で話し合って訳を統一する。				
	③X番がほかのグループに出張して説明する。				
	④元のグループに戻り、ほかのグループとの相違を話し合う。				
	⑤ペアで各項目の練習をする。				
会話	①X番が1文音読し、次の人が訳す。				
	②訳し終わったら、次の1文を音読する。				
	③以下、時計回りに最後まで回す。				
	④訳が異なる場合は、話し合って決める。				
	⑤音声を聞きながら各自音読する。				
	⑥横ペアで2回音読する。				
	⑦縦ペアで2回音読する。				
	⑧漢字のみの会話で、上の⑤⑥⑦を繰り返す。				
	⑨グループ内で2ペア同士で発表を行う。				
	⑩指定されたグループが前に出て発表する。				
医療事情	①授業前、インターネットで関連内容を調べる。				
	②X番が読んで、メンバーはポイントをメモする。				
	③日中の相違について話し合い、誰が当たっても説明できるようにメモする。				
	④X番がメモだけ見て、グループメンバーに説明する。				
ドリル 4／5	①授業前、各自で解答を書く。				
	②全員ができたら4人で答え合わせをする。				
	③話し合って、グループの答えを統一する。				

グループ：＿＿＿＿＿＿＿＿　　氏名：＿＿＿＿＿＿＿＿＿＿

振り返りシート（第1－4課）

　各課学習終了後、①中国語運用能力　②日中文化の相違の気づき　③協同する力について、各自書きましょう。そして時計回りに発表しましょう。第4課終了後、グループ活動への協力について自己評価しましょう。

第1課	① ② ③
第2課	① ② ③
第3課	① ② ③
第4課	① ② ③
自己評価	5 とてもよい　4 よい　3 普通　2 あまりよくない　1 よくない